SELECTIONS FROM
THE BEATLES
ANTHOLOGY

T0044835

1

Photos: © Apple Corps. Ltd.

This publication is not for sale in
the E.C. and/or Australia
or New Zealand.

ISBN 978-0-7935-6289-3

HAL•LEONARD®
CORPORATION
7777 W. BLUEMOUND RD. P.O. BOX 13819 MILWAUKEE, WI 53213

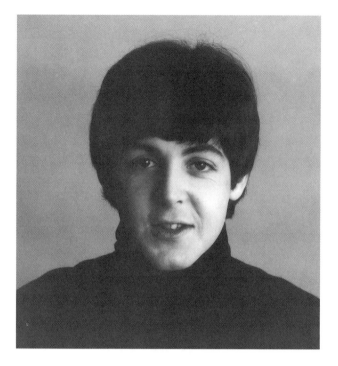
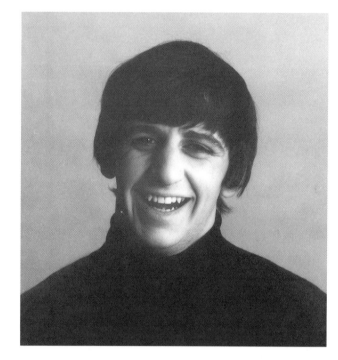

FREE AS A BIRD

Original version by JOHN LENNON
Beatles version by JOHN LENNON, PAUL McCARTNEY,
GEORGE HARRISON and RINGO STARR

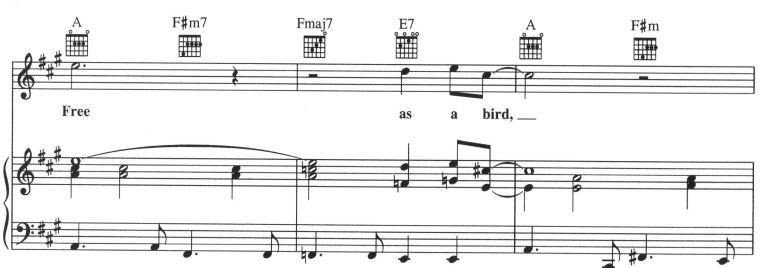

Free ___ as a bird, ___

it's the next best thing to be _____ free ___ as a

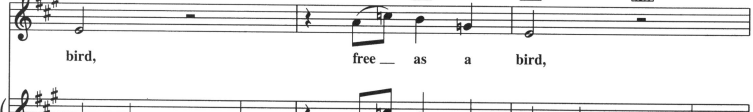

bird, ___ free ___ as a bird,

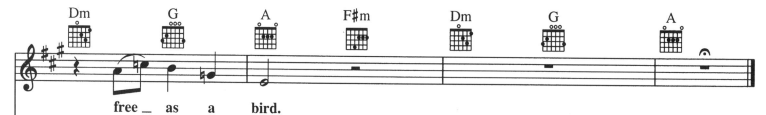

free ___ as a bird.

FREE AS A BIRD

Original version by JOHN LENNON

IN SPITE OF ALL THE DANGER

By PAUL McCARTNEY
and GEORGE HARRISON

In spite of all the dan - ger, what-ev-er may be,

I'll do an-y-thing for you, an-y-thing you want me to, if you'll be true to

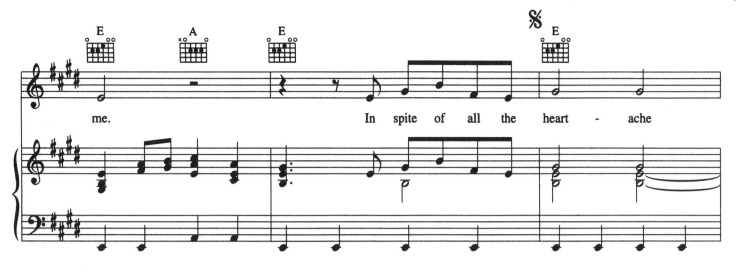

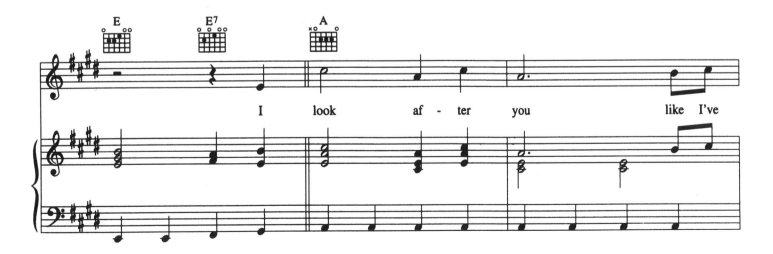

nev - er done be - fore. I'll keep all the

oth - ers_____ from knock - ing at____ your door. In spite of all the

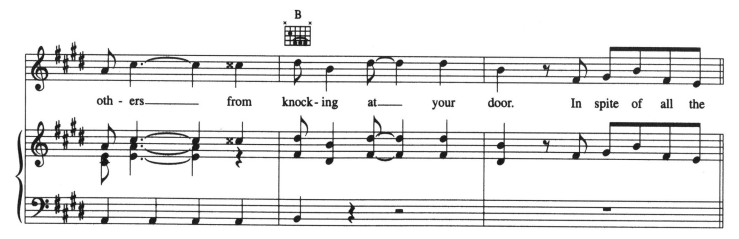

dan - ger, what - ev - er may be,____

I'll do an - y - thing____ for you, an - y - thing you want me

to,   if you'll be true to me.

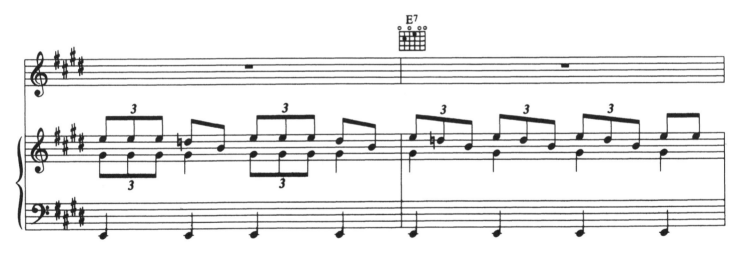

14

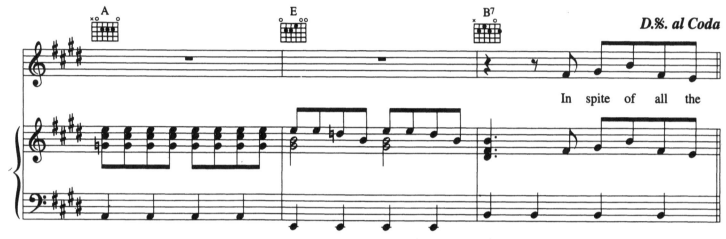

YOU'LL BE MINE

By PAUL McCARTNEY
and JOHN LENNON

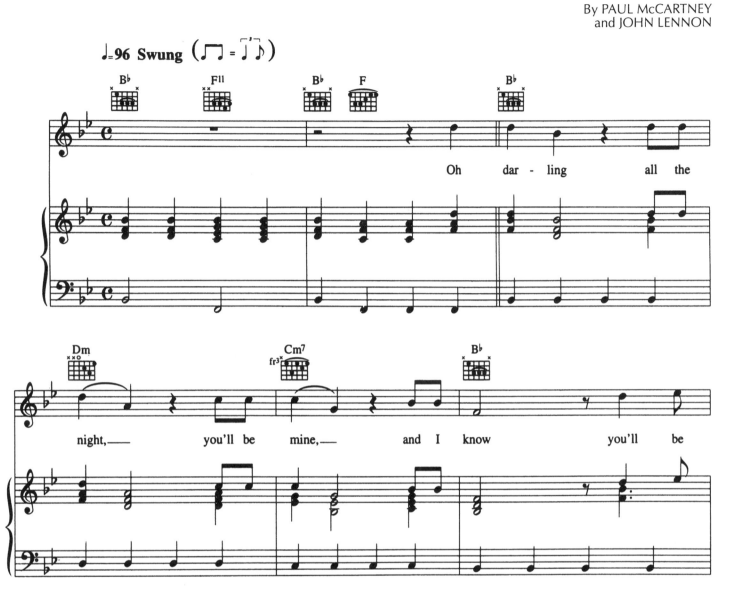

Oh dar-ling all the night,___ you'll be mine,___ and I know you'll be

mine___ till you die,___ you'll be mine.___

16

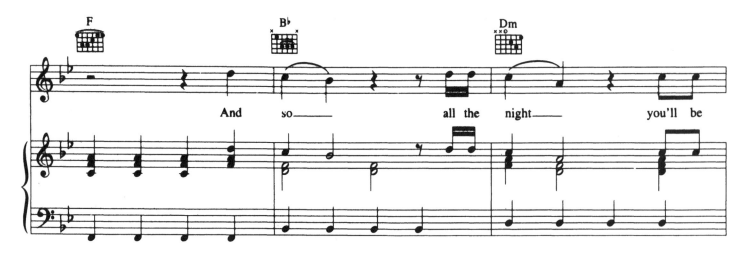

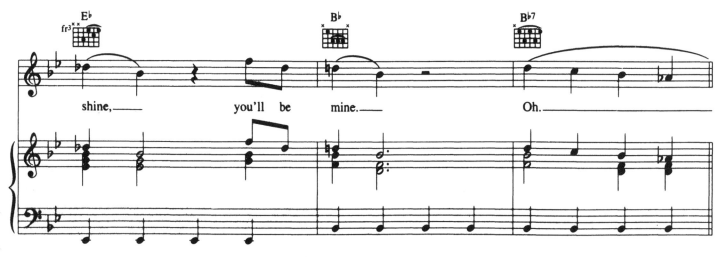

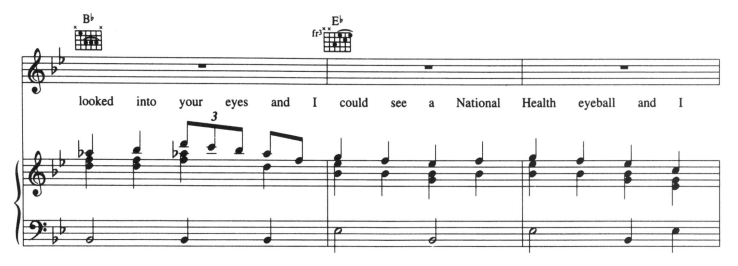

looked into your eyes and I could see a National Health eyeball and I

loved you like I have never done before. Oh dar - ling in your

eyes___ and you'll be mine,___ you will be mine.___ You'll be

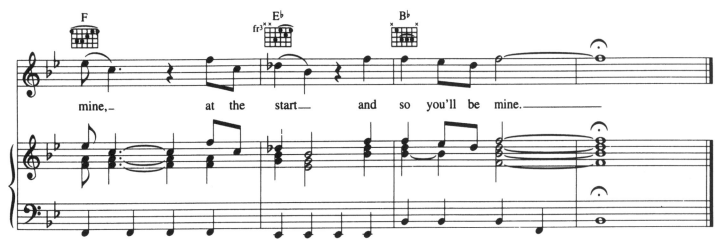

mine,_ at the start___ and so you'll be mine._____

SEARCHIN'

Words and Music by JERRY LEIBER
and MIKE STOLLER

hid - in', she's gon-na see ___ me ___ com - in'. Gon-na walk right down that

street like a Bull - dog Drum - mond. Yeah, 'cause I'm Drum - mond. I'm

CODA

(Gon - na find her.)

(Gon - na find her.)

THREE COOL CATS

Words and Music by JERRY LEIBER
and MIKE STOLLER

LIKE DREAMERS DO

Words and Music by JOHN LENNON
and PAUL McCARTNEY

HELLO LITTLE GIRL

Words and Music by JOHN LENNON
and PAUL McCARTNEY

LOVE ME DO

Words and Music by JOHN LENNON
and PAUL McCARTNEY

Love, love me do, ___ you know I love you, ___ I'll

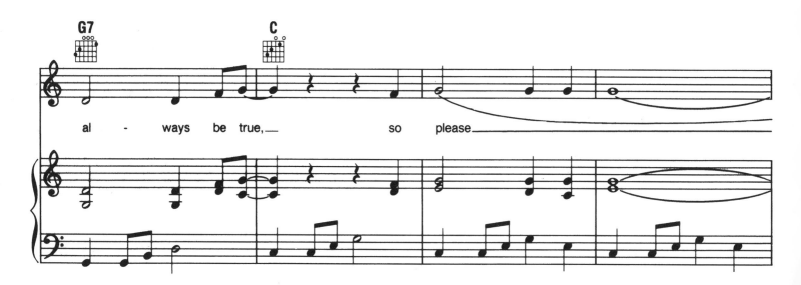

al - ways be true, ___ so please ___

PLEASE PLEASE ME

Moderately with a beat

Words and Music by JOHN LENNON
and PAUL McCARTNEY

ONE AFTER 909

Words and Music by JOHN LENNON
and PAUL McCARTNEY

Bright rock tempo

1. My

4. ba - by said she's trav - 'llin' on the one af - ter Nine - O - Nine.
2. begged her not to go, and I begged her on my bend - ed knees.
3. she said she's trav - 'llin' on the one af - ter Nine - O - Nine.

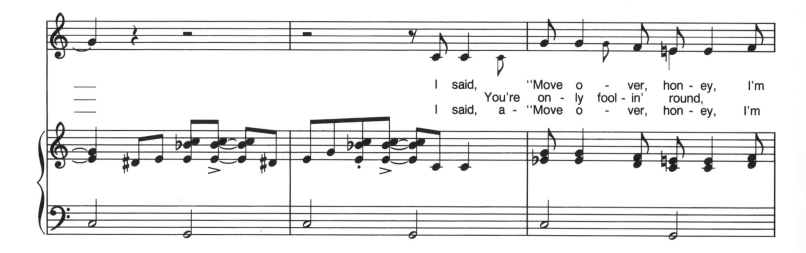

I said, "Move o - ver, hon - ey, I'm
You're on - ly fool - in' round,
I said, a - "Move o - ver, hon - ey, I'm

I'LL GET YOU

Words and Music by JOHN LENNON
and PAUL McCARTNEY

Moderately

Oh, yeah, _____ Oh yeah, _____ Oh yeah, _____ Oh

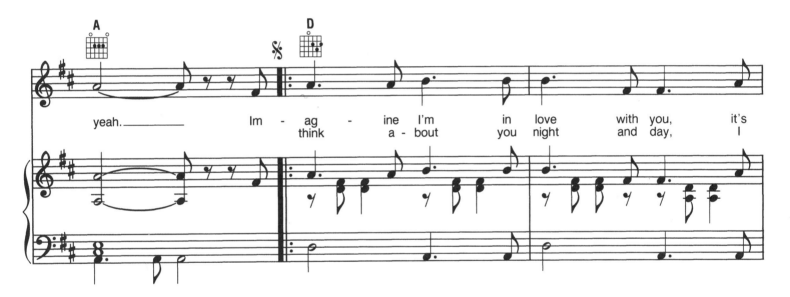

yeah. _____ Im- ag - ine I'm in love with you, it's
think a - bout you night and day,

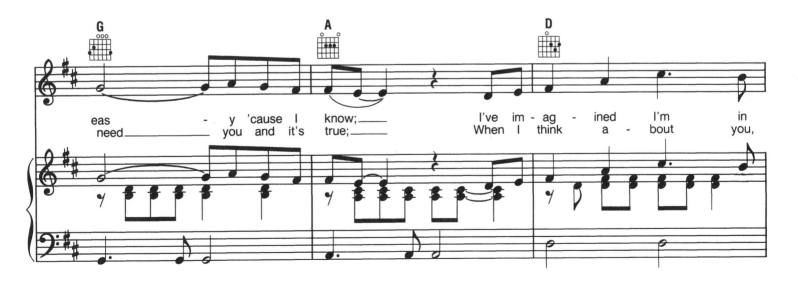

eas - y 'cause I know; _____ I've im- ag - ined I'm in
need _____ you and it's true; _____ When I think a - bout you,

I SAW HER STANDING THERE

Bright Rock

Words and Music by JOHN LENNON
and PAUL McCARTNEY

48

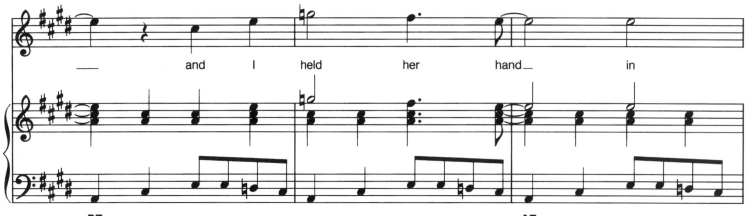

and I held her hand_ in

B7   A7

mi - een,_____   een,_____

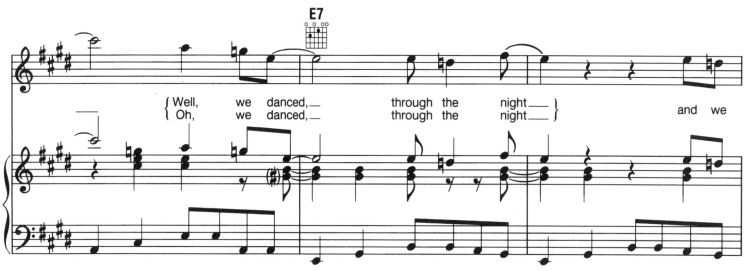

E7

{ Well, we danced,_   through the   night_ }
{ Oh, we danced,_   through the   night_ }

and we

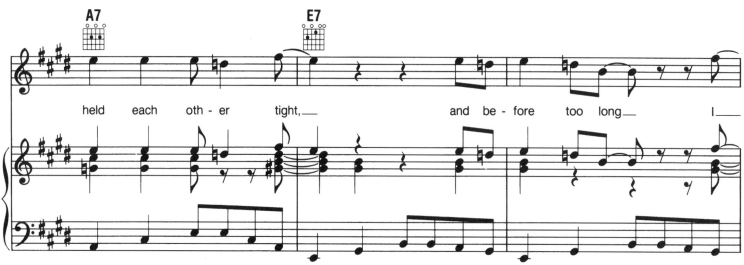

A7   E7

held each oth - er tight,_   and be - fore too long_   I

FROM ME TO YOU

Words and Music by JOHN LENNON
and PAUL McCARTNEY

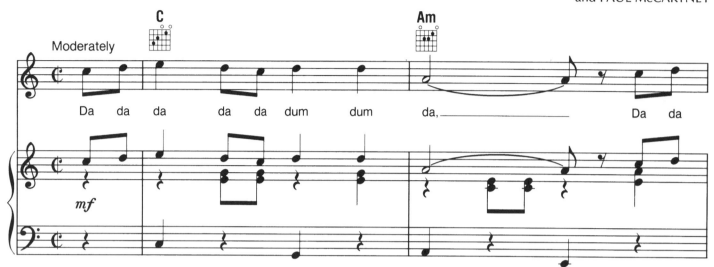

Da da da da da dum dum da,_____ Da da

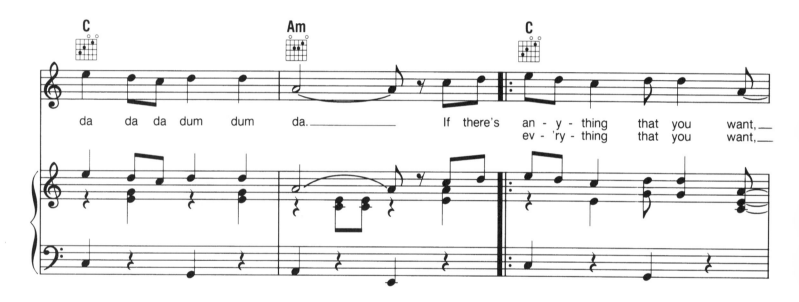

da da da dum dum da._____ If there's an-y-thing that you want,
ev-'ry-thing that you want,

If there's an-y-thing I can do,_____ Just
Like a heart_ that's oh so true,_____

MONEY
(THAT'S WHAT I WANT)

Words and Music by BERRY GORDIE JR.
and JANIE BRADFORD

Moderate rock

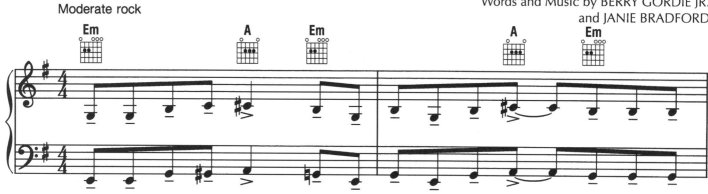

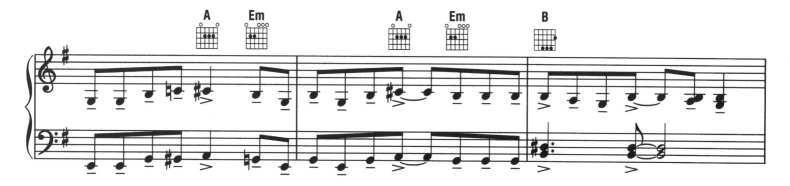

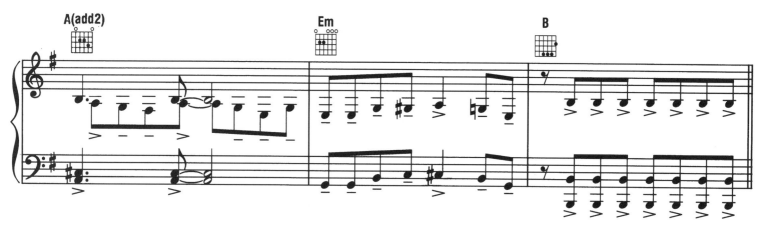

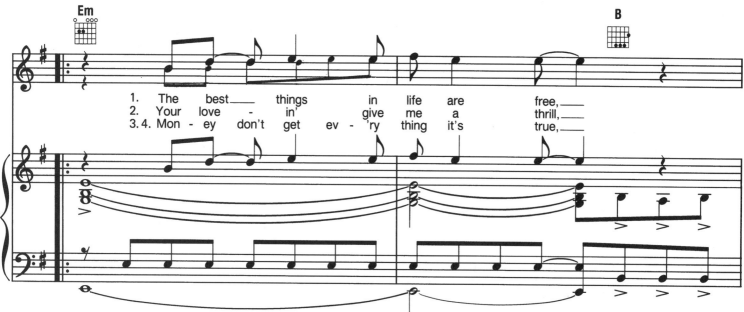

1. The best___ things in life are free,___
2. Your love - in' give me a thrill,___
3. 4. Mon - ey don't get ev - 'ry thing it's true,___

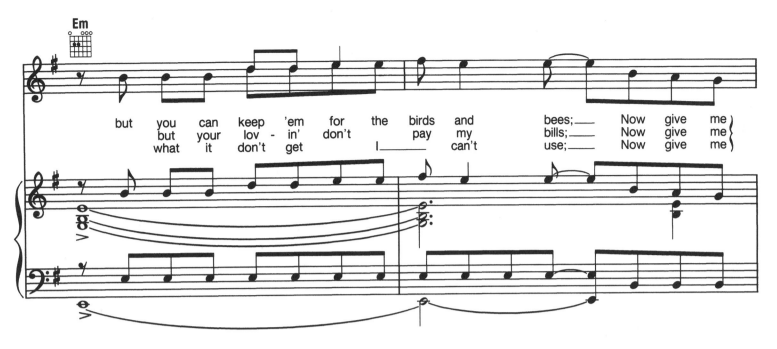

but you can keep 'em for the birds and bees;___ Now give me
but your keep lov - in' don't pay my bills;___ Now give me
but what it don't get I___ can't use;___ Now give me

(Backing):
That's what I want.___ That's what I

mon - ey, that's what I want,

what I want.___ That's what I want.___

that's what I want_____ yeah,___

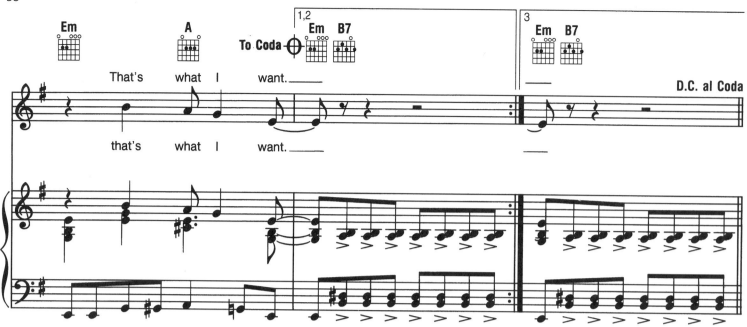

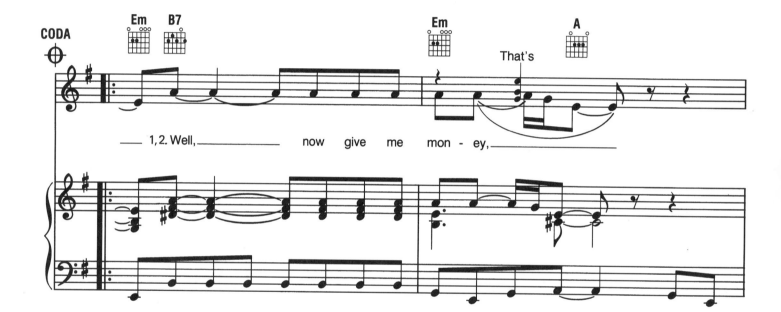

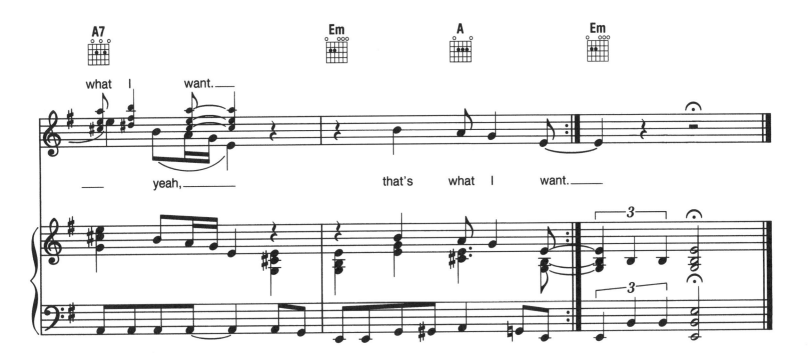

YOU REALLY GOT A HOLD ON ME

Slowly

Words and Music by
WILLIAM "SMOKEY" ROBINSON

I don't___ like you,___ but I___ love you;
I don't___ want you,___ but I___ need you;
I wan - na leave you,___ don't wan - na stay here;

Seems that I'm al - ways___ think - ing of you.___
Don't wan - na kiss you,___ but I___ need to.___
Don't wan - na spend___ you,___ an - oth - er day here.___

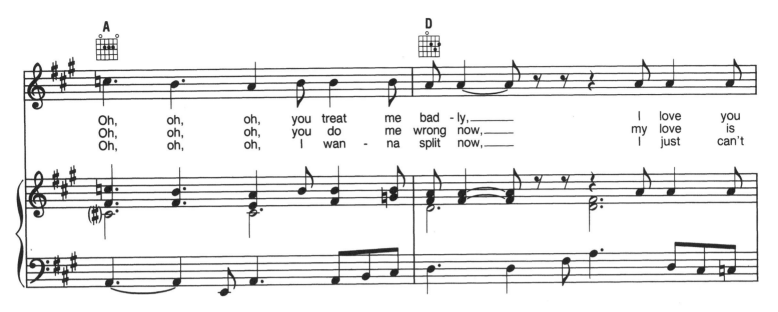

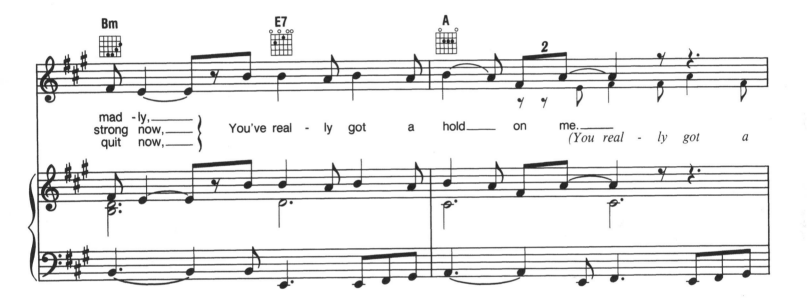

SHE LOVES YOU

Words and Music by JOHN LENNON
and PAUL McCARTNEY

She loves you, yeah, yeah, yeah___ She loves you, yeah,

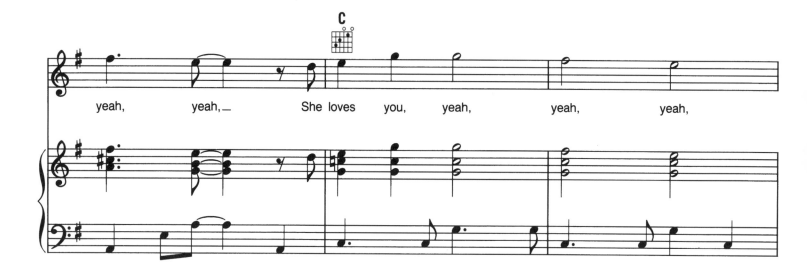

yeah, yeah,___ She loves you, yeah, yeah, yeah,

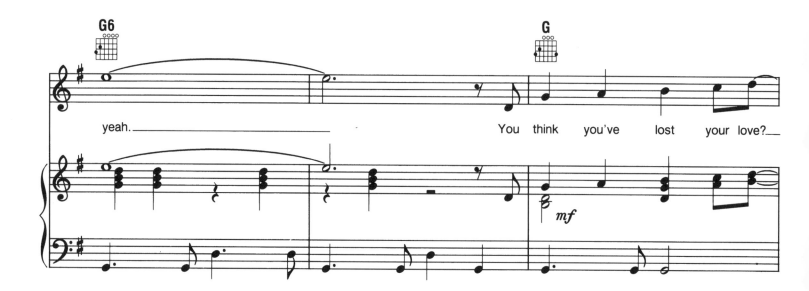

yeah._____ You think you've lost your love?___

TWIST AND SHOUT

Words and Music by BERT RUSSELL
and PHIL MEDLEY

Moderately with a beat

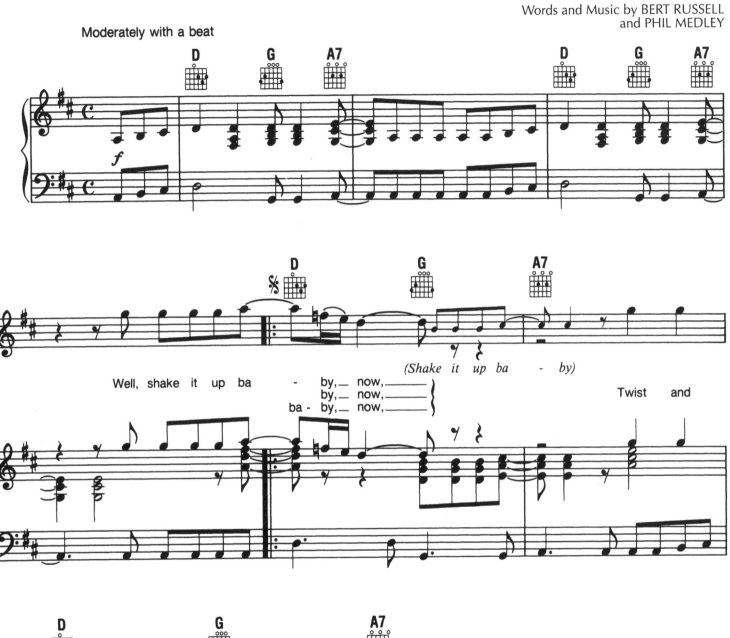

Well, shake it up ba - by,— now,———
by,— now,———
ba - by,— now,———

(Shake it up ba - by)

Twist and

shout.——— (Twist and shout)— Come on, come on,— come on,——— come on,

THIS BOY
(RINGO'S THEME)

Words and Music by JOHN LENNON
and PAUL McCARTNEY

I WANT TO HOLD YOUR HAND

Words and Music by JOHN LENNON
and PAUL McCARTNEY

MCA music publishing

CAN'T BUY ME LOVE

Words and Music by JOHN LENNON
and PAUL McCARTNEY

Bright Shuffle

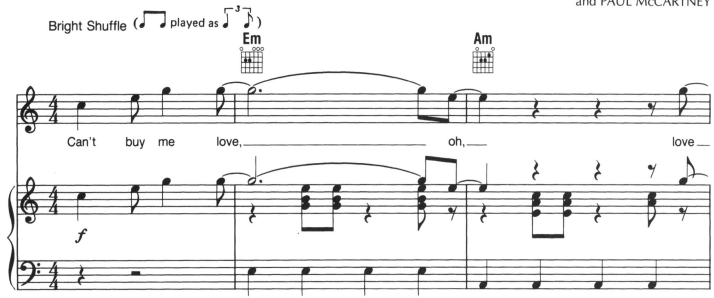

Can't buy me love, _____ oh, _____ love

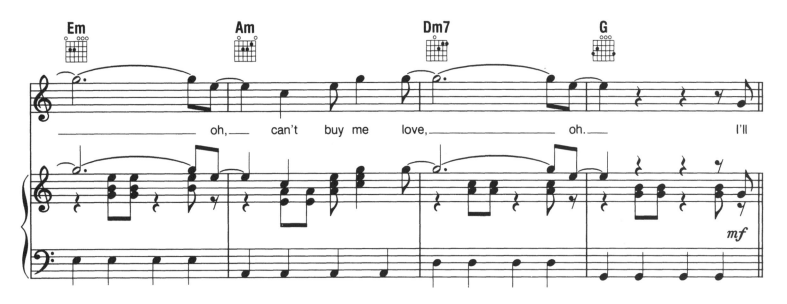

_____ oh, _____ can't buy me love, _____ oh. _____ I'll

buy you a dia- mond ring, ___ my friend, __ if it makes you feel al- right,___
give you all I've got___ to give___ if you say you love me too,___

Instrumental Solo

ALL MY LOVING

Words and Music by JOHN LENNON
and PAUL McCARTNEY

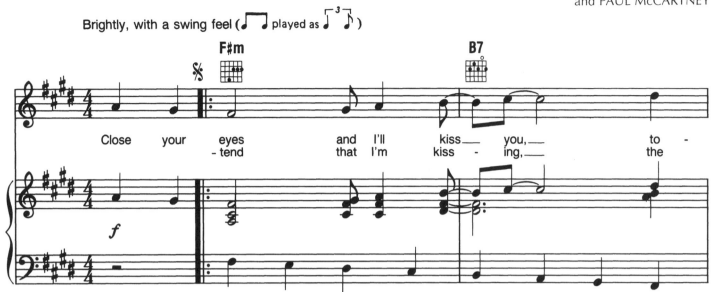

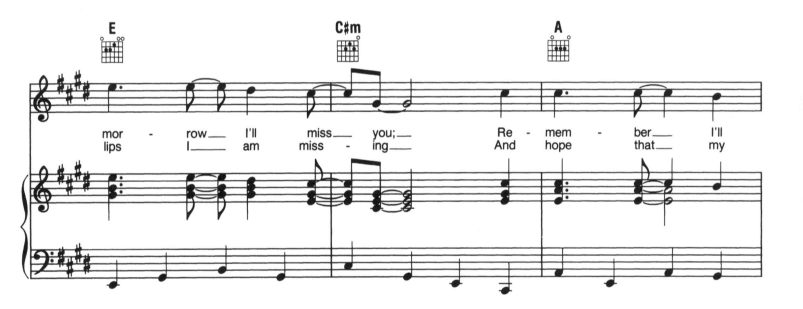

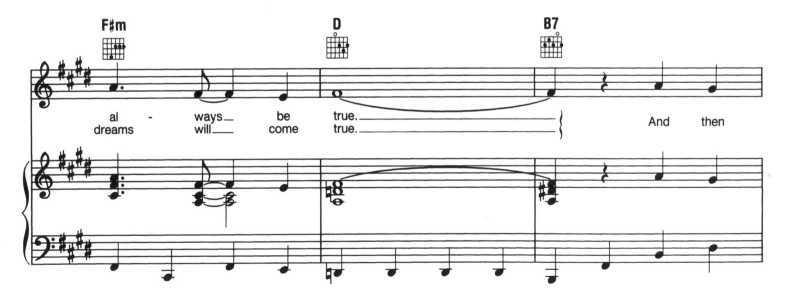

YOU CAN'T DO THAT

Words and Music by JOHN LENNON
and PAUL McCARTNEY

I got some - thing to say that might
sec - ond time I've say caught that you might talk -

- cause you to pain;___ If I catch you talk - in' to that
- in' to him;___ do I have to tell you one more time I

boy a - gain,___ I'm gon - na let you down___
think it's a sin.___ I think I'll let you down___

and leave you flat,_____ Be-cause I've told you be-fore: Oh,___ you can't do that.____

A HARD DAY'S NIGHT

Words and Music by JOHN LENNON
and PAUL McCARTNEY

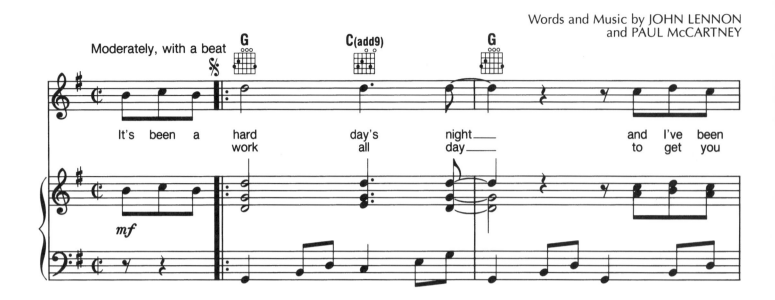

It's been a hard day's night___ and I've been
work all day___ to get you

work-ing like a dog.___ It's been a hard day's night___
mon-ey to buy you things.___ And it's worth it just to hear you say___

I should be sleep-ing like a log.___ But when I
You're gon-na give me ev-'ry-thing.___ So why I

I WANNA BE YOUR MAN

Words and Music by JOHN LENNON
and PAUL McCARTNEY

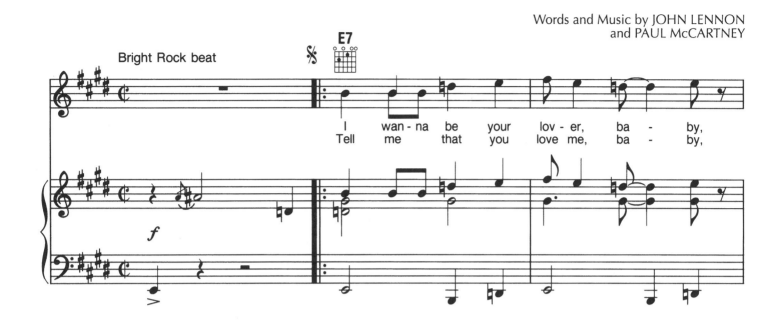

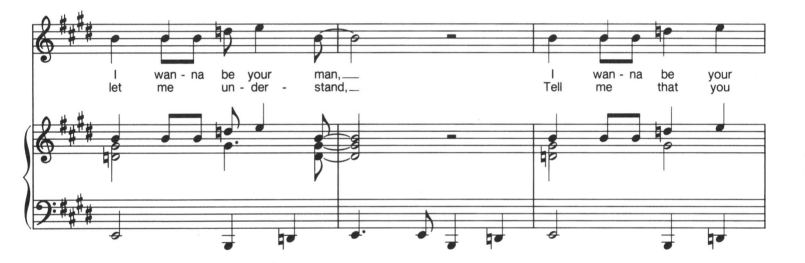

D.S. al Coda

CODA

E7

Repeat and Fade

I wan-na be your man,—

I'LL BE BACK

Words and Music by JOHN LENNON
and PAUL McCARTNEY

You know

You if you break my heart I'll go, ____ But
could find bet - ter things to do, ____ than to

I'll be back a - gain. ____ 'Cause I ____
break my heart a - gain. ____ This time ____

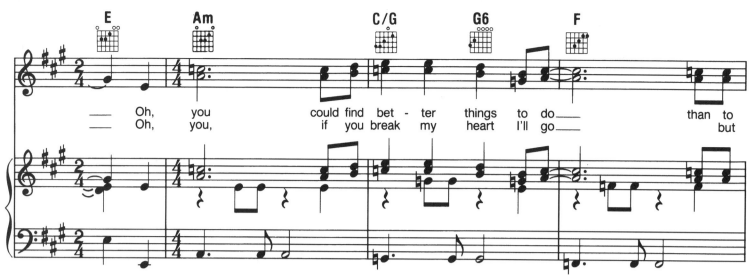

Oh, you could find bet - ter things to do ___ than to
Oh, you, if you break my heart I'll go ___ but

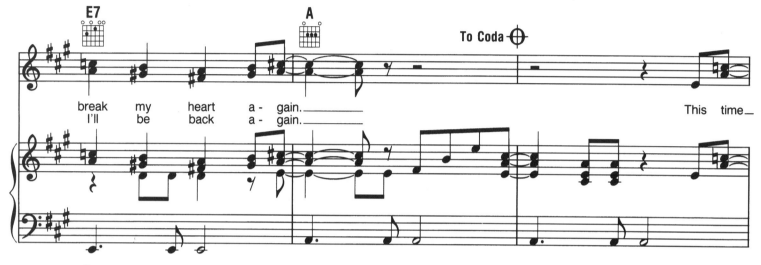

break my heart a - gain. ___
I'll be back a - gain. ___ This time ___

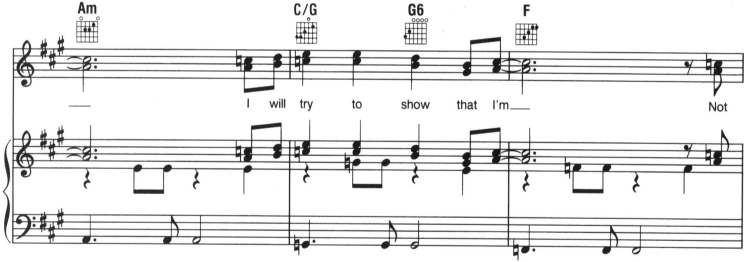

I will try to show that I'm ___ Not

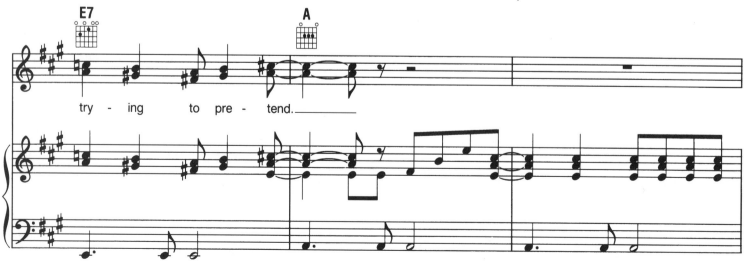

try - ing to pre - tend. ___

NO REPLY

Words and Music by JOHN LENNON
and PAUL McCARTNEY

ply. _____
lie. _____
'Cause I know where you've been,
They said it was-n't you,
but I saw you peep
and I saw you walk

through
in
your win-dow. _____
your door. _____
I saw the light, _____
I near-ly died, _____

EIGHT DAYS A WEEK

Words and Music by JOHN LENNON
and PAUL McCARTNEY